Ein Wort zuvor

In diesem Vogelführer, der so handlich klein ist, daß er in jede Hemd- und Hosentasche paßt, sind all jene Vögel abgebildet und ausführlich beschrieben, die Sie vor Ihrem Fenster, im eigenen Garten oder auf Spaziergängen in anderen Gärten, in Parks und Grünanlagen beobachten können. 80 Naturfarbfotos zeigen die beliebtesten Singvogelarten wie Amsel, Meise, Fink und Star, aber auch Greifvogelarten und Wasservögel, die in größeren Parks und an Teichen anzutreffen sind. Auf einer Doppelseite ist auch ein Dutzend Jungvögel abgebildet. Diese Farbfotos sind für Sie wichtige Bestimmungshilfe, wenn Sie ein Vogelkind finden und nicht wissen, zu welcher Art es gehört.

Viele unserer heimischen Vogelarten sind sogenannte Kulturfolger – Vögel, die in der Nähe menschlicher Wohnstätten nach Futter suchen oder an Häusern und in Gärten brüten. Wer Vögeln in der kalten und schneereichen Jahreszeit helfen möchte, erfährt im allgemeinen Textteil (Seite 76 bis 78), wie man artgerecht füttert und wie man Vogelhäuschen und andere Futterstellen am zweckmäßigsten einrichtet.

Auf Seite 80 und der Umschlagseite 3 sind Futterhäuschen und Nistkästen in Zeichnungen und Beschreibungen so dargestellt, daß sie leicht nachgebaut werden können.

Leider kann man bedrohte Vogelarten nicht durch Fütterung allein retten. Hauptursache des Vogelsterbens sind Flurbereinigung, Trockenlegung von Feuchtgebieten und andere Eingriffe in die Natur, durch die der natürliche Lebensraum unserer Vögel zerstört wurde. Wirkungsvoll helfen können Sie, wenn Sie den Vögeln durch Gestaltung eines naturnahen Gartens Ersatzlebensraum schaffen: Mit Hekken, Laubbäumen, Kletterpflanzen am Haus, Nistkästen für Höhlenbrüter und mit Wildblumenwiesen. Was zu einem naturnahen Garten gehört, und wo die einzelnen Vogelarten brüten, erfahren Sie auf der Seite 72 sowie auf den Umschlagseiten 2 und 3.

Wer Futterplätze für die Vögel schafft und einen vogelfreundlichen Garten anlegt, wird darin Vögel nicht nur als Wintergäste, sondern oft auch als Brutvögel antreffen. Und er wird diese liebenswerten Geschöpfe der Natur aus nächster Nähe beobachten können.

Detlef Singer

Gebrauchsanleitung

Bedeutung der farbigen Kennstreifen

Farbige Kennstreifen unter den Steckbriefen zeigen auf einen Blick, in welcher Jahreszeit Sie die beschriebene Vogelart beobachten können. Da die Dauer des Aufenthaltes bei Sommervögeln und Wintergästen variiert, sind bei ihnen auch die Monate angegeben, in denen die Vögel bei uns leben.

Roter Kennstreifen: Diese *Sommervögel* sind Zugvögel; sie halten sich nur im Frühjahr und Sommer bei uns auf und ziehen im Herbst wieder in ihre südlichen Winterquartiere.

Blauer Kennstreifen: Die *Wintergäste* kommen im Herbst aus ihren Brutgebieten im hohen Norden und bleiben nur den Winter über in Mittel- und Südeuropa.

Grüner Kennstreifen: Ein *Jahresvogel* lebt das ganze Jahr über bei uns. *Teilzieher* dagegen sind Vogelarten, von denen nur ein Teil (beim Buchfink zum Beispiel nur die Weibchen) im Herbst nach Süden zieht; die übrigen bleiben das ganze Jahr über bei uns.

Stichwort-Erläuterungen

Nach dem unter Ornithologen gebräuchlichen **deutschen Namen** des Vogels sind bekannte **Zweitnamen** angegeben, danach der **wissenschaftliche Artname** und die **Vogelfamilie**. In **Zentimetern** ist die Länge des Vogels angegeben, von der Schnabel- bis zur Schwanzspitze. **Erkennungsmerkmale:** Unter diesem Stichwort sind zuerst stets besonders auffallende Merkmale beschrieben (Form des Schnabels, Gefiederzeichnung, typische Verhaltensweisen), an denen Sie einen Vogel schnell und sicher erkennen können. **Nahrung:** Angaben über die natürliche Nahrung des Vogels. **Fütterung:** Das artgerechte Futter für die Winterfütterung. **Brut:** Angaben über Brutzeit, Zahl der Bruten im Jahr sowie über Bau, Standort und Aussehen des Nestes. **Winterquartier:** Jene Gebiete, in denen die beschriebene Vogelart die Wintermonate verbringt. **Nisthilfen:** Angaben über geeignete Nistkästen, Halbhöhlen und Kunstnester, mit denen Sie den Vögeln helfen können (→ auch Seite 72).

Vogel-Register

3

Mehlschwalbe

13 cm

Delichon urbica

Familie: Schwalben

Erkennungsmerkmale: Sehr gesellig; von weitem leuchtet der weiße Bürzel auf; Schwanz gegabelt, aber ohne lange Schwanzspieße; Unterseite reinweiß, deutlich von der blauschwarz schillernden Oberseite abgesetzt. Ruft häufig „dschrb", „trr" oder „brüd", der Warnruf, der oft zu hören ist, klingt durchdringend „zier zier"; ihr Lied, ein vokalarmes Schwatzen und Zwitschern, ist unauffälliger als das der Rauchschwalbe und ohne schnurrendes Endmotiv. **Nahrung:** Wie die Rauchschwalbe nur fliegende Insekten. **Brut:** Von Mai bis September 2–3 Bruten in viertelkugeligem Lehmnest mit kleinem Einschlupfloch, außen an Gebäuden. **Winterquartier:** Afrika südlich der Sahara. **Nisthilfe:** Künstliches Mehlschwalbennest (Seite 72)

Sommervogel   April–Oktober   4

Rauchschwalbe

Hirundo rustica

19 cm

Familie: Schwalben

Erkennungsmerkmale: Schneller und wendiger Flieger mit auffallend langen Schwanzspießen, fliegt oft knapp über dem Boden. Oberseite schwarz, metallisch blauglänzend, Stirn und Kehle rotbraun; lebt gesellig in der Nähe von Bauernhöfen. Ruft häufig „witt-witt", bei Gefahr scharf „ziwitt"; sitzt oft auf Telegrafendrähten und singt ihr zwitscherndes und plauderndes Liedchen, das schnurrend endet. **Nahrung:** Insekten, die sie im Flug fängt. **Brut:** Von Mai bis September 2–3 Bruten; für das napfförmige Nest, das sie in Ställe und Scheunen baut, holt sie Lehmklümpchen aus Pfützen. **Winterquartier:** Afrika südlich der Sahara.
Nisthilfe: Künstliche Schwalbennester, Nistbrett (Seite 72)

Bachstelze

Motacilla alba

18 cm

Familie: Stelzen

Erkennungsmerkmale: Kontrastreich schwarzweiß gefärbter Kleinvogel; läuft schnell trippelnd mit ruckartigen Kopfbewegungen auf dem Boden, wippt auffällig mit dem langen Schwanz; Flug wellenförmig. Häufigster Ruf ist ein hartes „trilitt" oder „ziwlitt"; der Gesang, ein kurzes, durch Lockrufe unterbrochenes Zwitschern, ist selten zu hören. Häufiger Gast in Gärten und Anlagen in Gewässernähe. **Nahrung:** Insekten, ihre Larven, Spinnen, kleine Würmer. **Brut:** Von April bis August 2 Bruten; das Weibchen baut ein festes Nest aus Halmen, Haaren und Federn in Mauerlöchern, Holzstapeln, in Scheunen oder an Brücken. Nistplatz stets überdacht.
Nisthilfe: Halbhöhlenbrüter – Nistkasten (Seite 72)

Heckenbraunelle

14,5 cm

Prunella modularis

Familie: Braunellen

Erkennungsmerkmale: Ein unscheinbarer dunkel graubrauner Kleinvogel, der im Aussehen an ein Haussperlings-Weibchen erinnert. Lebt versteckt im Unterholz, hüpft in geduckter Haltung am Boden. Singt schon ab März, häufig auf Fichtenspitzen, sein munteres, eilig zwitscherndes Liedchen, das an Zaunkönig-gesang und das Quietschen eines ungeölten Kinderwagens erinnert. Erst aus der Nähe sind die bleigraue Kopf und Brustfarbung und der schlanke Schnabel zu erkennen. Besucht Futterplätze. **Nahrung:** Insekten, ihre Larven, Samen, Beeren. **Fütterung:** Kleine Samen, Haferflocken, Weichfutter. **Brut:** Von April bis Juli 2 Bruten; das Weibchen baut in dichtem Gebüsch oder Jungfichten ein napfförmiges Moosnest.

Teilzieher

7

Gelbspötter

13,5 cm

Hippolais icterina

Familie: Grasmücken

Erkennungsmerkmale: Singt, gut versteckt in Baumkronen, von Mai bis Anfang Juli; die lauten, abwechslungsreichen Strophen von quietschender und rauher Klangfarbe sind durchsetzt mit pfeifenden, leiernden und gepreßten Motiven, die meist mehrfach wiederholt werden; viele Nachahmungen anderer Vogelstimmen (Star, Wacholderdrossel, Meisen); ruft häufig „dederoid" oder „dedewih". Aus der Nähe fallen das gelbliche Gefieder und der lange, gelbe Schnabel auf; sträubt oft die Scheitelfedern. Bewohnt Gärten und Parks mit Laubbäumen. **Nahrung:** Insekten, Spinnen. **Brut:** Von Mai bis Juli 1 Brut in kleinem, fein verfilztem Nest, meist 2–4 m hoch in dichten Büschen. **Winterquartier:** Tropisches Afrika.

Klappergrasmücke, Zaungrasmücke 13,5 cm

Sylvia curruca Familie: Grasmücken

Erkennungsmerkmale: Ihr Lied, ein weithörbares, schmetterndes Klappern, erklingt von Mitte April bis Anfang Juli; häufig wird die Klapperstrophe durch ein leises, rauhes Zwitschern eingeleitet. Ihr Ruf, der oft zu hören ist, klingt wie „tze" oder „tjäck", bei Erregung wird er schnell gereiht. Lebt versteckt in Büschen und Bäumen, zeigt sich meist nur kurz, um in hastigem, ruckartigem Flug in einen nahen Busch zu fliegen. Erst aus der Nähe fallen der graue Oberkopf und die scharf abgesetzte, weiße Kehle auf. **Nahrung:** Insekten, ihre Larven, Beeren.
Brut: Von Mai bis Juli 1 Brut; das zierliche, flache Nest aus Halmen und Würzelchen steht oft in dichtem Gebüsch oder jungen Nadelbäumen. **Winterquartier:** Nordostafrika.

Mönchsgrasmücke, Schwarzplättchen 14 cm

Sylvia atricapilla Familie: Grasmücken

Erkennungsmerkmale: Häufigste Grasmücke in Gärten und Parks; Gefieder graubraun, Unterseite etwas heller, Männchen mit schwarzer, Weibchen mit rotbrauner Kopfplatte; ihr lauter, wohltönender Gesang ist bei uns ab Mitte April zu hören; auf ein leises, heiseres Zwitschern folgt unvermittelt eine flüssig vorgetragene, klare Flötenstrophe mit großen Sprüngen in der Tonhöhe; ruft oft (bei Gefahr) harte „tack"- oder „tzeck"-Serien. **Nahrung:** Insekten, ihre Larven und Puppen, Beeren. **Brut:** Von Mai bis Juli 1–2 Bruten; kleines, locker gebautes Nest aus feinen Grashalmen, Würzelchen und Spinnweben, meist niedrig in dichten Büschen oder Jungfichten. **Winterquartier:** Südeuropa, Nordafrika.

Gartengrasmücke

14 cm

Sylvia borin

Familie: Grasmücken

Erkennungsmerkmale: An ihrem lauten, anhaltenden Gesang, der von Anfang Mai bis Juli aus dichtem Buschwerk erklingt, am sichersten zu erkennen; die langen, sprudelnden Strophen erinnern in ihrem orgelnden Klangcharakter an Amselgesang; ruft häufig „tzecktzeck" oder „wetwet", bei Erregung schnell aneinandergereiht. Männchen und Weibchen sind unscheinbar graubraun. Nur in Gärten und Parks mit dichtem Gebüsch.
Nahrung: Insekten, ihre Larven und Puppen, Beeren. **Brut:** Von Mai bis Juli 1 Brut; lockeres, unordentliches Nest, meist niedrig in Brombeergestrüpp, Brennesseldickicht oder in einem kleinen Busch. **Winterquartier:** Tropisches Afrika.

Zilpzalp

Phylloscopus collybita

11 cm

Familie: Grasmücken

Erkennungsmerkmale: An seiner Stimme leicht zu erkennen: eine lange, stammelnde Strophe aus wenigen, miteinander abwechselnden Lauten, die wie „zilp-zalp-zelp-zilp-zalp" klingt; zwischen den Strophen häufig ein gedämpftes „trr-trr"; singt ab Mitte März. Sein Lockruf, ein einsilbiges „huid", ist oft zu hören. Gefieder olivbraun, Beine dunkel. Hüpft und flattert rastlos in Laubbäumen und Büschen umher. **Nahrung:** Kleine Insekten, ihre Larven und Puppen, Spinnen. **Brut:** Von April bis Juni 1–2 Bruten; das Weibchen baut aus trockenen Blättern, Gras und Moos ein kugelförmiges Nest mit seitlichem Eingang („Backöfchennest") meist dicht über dem Boden im Gestrüpp. **Winterquartier:** Mittelmeergebiet.

Fitis
11 cm

Phylloscopus trochilus   Familie: Grasmücken

Erkennungsmerkmale: Vom Zilpzalp nur durch die Stimme sicher zu unterscheiden: eine abfallende Strophe, die im Rhythmus etwas an den Buchfinkengesang erinnert, aber von wehmütigem, weichem Klangcharakter ist und ohne den harten Abschluß des Buchfinkenschlages; das Liedchen erklingt ab Anfang April, häufig aus hohen Birken. Der kleine Sänger hat helle Beine, sein Gefieder ist etwas gelblicher als das des Zilpzalp. **Nahrung:** Insekten, ihre Larven und Puppen, Spinnen. **Brut:** Von Mai bis Juni 1 Brut; das kugelförmige Nest (,,Backöfchennest'') aus Gras und Moos baut er meist zwischen hohem Gras dicht über der Erde. **Winterquartier:** Südliches Afrika.

Sommervogel   April–Oktober   13

Grauschnäpper

14 cm

Muscicapa striata

Familie: Sänger

Erkennungsmerkmale: Ein knapp sperlingsgroßer Vogel, der oft aufrecht auf seiner Warte, einem Zaunpfahl oder einem dürren Ast, sitzt; fängt fliegende Insekten, indem er in die Höhe fliegt und mit der Beute gleich wieder auf seinen Ansitz zurückkehrt; zuckt nach dem Landen auffällig mit den Flügeln. Oberseite bräunlichgrau, Unterseite hell, dunkel längsgestrichelt. Ruft scharf „tz", „zst" oder dünn zirpend „zieh", bei Gefahr häufig „tektektek". **Nahrung:** Fluginsekten, manchmal Würmer, Beeren. **Brut:** Von Mai bis Juni 1–2 Bruten in Halbhöhlen, Astgabeln, in Nistkästen, Mauerlöchern und an berankten Hauswänden. **Winterquartier:** Mittel- und Südafrika. **Nisthilfe:** Nistkasten für Halbhöhlenbrüter (Seite 72).

Sommervogel   April–September   14

Trauerschnäpper

13 cm

Ficedula hypoleuca

Familie: Sänger

Erkennungsmerkmale: Auffallend schwarz-weiß oder dunkel grau-weiß gefärbter Kleinvogel; fängt fliegende Insekten im Fluge oder pickt sie vom Boden und von Zweigen ab; zuckt nach dem Landen auf der Sitzwarte auffällig mit den Flügeln, dabei leuchtet die weiße Flügelbinde auf. Sein Gesang, ein auf- und absteigendes „wutiwutiwuti", erinnert an den Gartenrotschwanz; ruft häufig ein weiches „bitt" oder härter „tk" oder „pick". Männchen (Foto) mit weißem Stirnfleck, Weibchen oberseits graubraun. **Nahrung:** Meist fliegende Insekten. **Brut:** Von Mai bis Juni 1 Brut, meist in Spechthöhlen und Nistkästen. **Winterquartier:** Tropisches Afrika. **Nisthilfe:** Höhlenbrüter – Nistkasten (Seite 72).

Hausrotschwanz

Phoenicurus ochruros

14 cm

Familie: Sänger

Erkennungsmerkmale: Sitzt oft aufrecht auf Zaunpfählen, zittert dabei mit dem auffällig rostroten Schwanz. Singt schon vor Sonnenaufgang auf hohen Warten, auf Antennen und Dachfirsten; sein kratziges Lied beginnt mit einigen hellen Pfeiftönen und geht in ein gepreßtes Zischen über. Ruft häufig tonlos „fid teck teck", bei Gefahr schnell „teckteckteck". Männchen überwiegend rußschwarz, Weibchen dunkel graubraun. **Nahrung:** Insekten, Spinnen, Beeren. **Brut:** Von April bis Juli 2 Bruten; unordentliches Nest aus Halmen und Moos unter Dachgebälk, in Halbhöhlen und Mauerspalten. **Winterquartier:** West- und Südeuropa, Nordafrika.
Nisthilfe: Nistkasten für Halbhöhlen-Brüter (Seite 72).

Gartenrotschwanz

Phoenicurus phoenicurus

14 cm

Familie: Sänger

Erkennungsmerkmale: Männchen auffallend gefärbt: schwarze Kehle, rostrote Brust, leuchtendweißer Stirnfleck, rostroter Schwanz; Weibchen bräunlich mit heller Unterseite und rostrotem Schwanz. Sitzt oft auf niedrigen Ansitzwarten, einem unteren Ast oder kleinem Busch, zittert dabei mit dem Schwanz; fliegt zum Aufpicken eines Beutetieres kurz auf den Boden. Singt wie Hausrotschwanz auf Dachfirsten, Antennen und Baumspitzen; das Lied beginnt mit gedehnten Pfeiftönen, auf die einige tiefere Silben folgen. **Nahrung:** Insekten, Spinnen, Beeren. **Brut:** Von Mai bis Juli 2 Bruten in Baumhöhlen, Nistkästen, an Gebäuden. **Winterquartier:** Nördliches Afrika. **Nisthilfe:** Höhlenbrüter – Nistkasten (Seite 72).

Rotkehlchen

Erithacus rubecula

14 cm

Familie: Sänger

Erkennungsmerkmale: Wirkt rundlich, auffallend große, dunkle Augen, Kehle und Brust rostrot; hüpft zur Nahrungssuche oft auf dem Boden, knickst häufig und stelzt den Schwanz. Häufigster Ruf ist ein sehr schnelles „zikzikzik" (Schnickern), oft in der Abenddämmerung zu hören. Singt ab Mitte März gut versteckt in Büschen und Bäumen; die herabperlende, klare Tonreihe hat einen feierlichen und melancholischen Klangcharakter. **Nahrung:** Bodenlebende Insekten und ihre Larven, Würmer, Beeren, Früchte. **Fütterung:** Weichfutter, Haferflocken, Beeren, Talg. **Brut:** Von April bis Juni 2 Bruten; Nest niedrig zwischen Wurzeln, in Baumhöhlungen oder Mauerlöchern, meist gut getarnt.

Nachtigall

Luscinia megarhynchos

16,5 cm

Familie: Sänger

Erkennungsmerkmale: Lebt sehr versteckt. Singt (auch nachts) von Mitte April bis Juni in dichtem Gebüsch; ihr lauter, sehr abwechslungsreicher Gesang enthält viele verschiedene kristallklare, sich überschlagende Motive, die mit monotonen Schmettertouren abwechseln, dazwischen langgezogene, anschwellende Pfeiftöne (Schluchzen). Ruft klagend „hüid" oder knarrend „karr". Hüpft am Boden mit großen Sprüngen, stelzt oft den Schwanz. Gefieder oberseits mittelbraun, Schwanzfärbung rotbraun. **Nahrung:** Insekten, Spinnen. **Brut:** Von Mai bis Juni 1 Brut; in dichtem Buschwerk am Boden verstecktes Nest aus trockenen Blättern, Gras und Haaren. **Winterquartier:** Tropisches Afrika.

Sommervogel   April–September   19

Amsel

Turdus merula

25 cm
Familie: Sänger

Erkennungsmerkmale: Sehr häufiger Bewohner unserer Gärten und Parks; Männchen tiefschwarz, Schnabel und Augenring gelb, Weibchen dunkelbraun, Kehle heller. Hüpft zur Nahrungssuche auf dem Boden, hält oft ruckartig an und stelzt den Schwanz. Ruft häufig „duck duck" oder „dack dack", zetert bei Erregung laut metallisch; singt ab März ihr volltönendes, flötendes Lied, dessen abwechslungsreiche Motive oft gepreßt zwitschernd ausklingen; die Strophen werden nicht wiederholt.
Nahrung: Würmer, Schnecken, Beeren, Obst. **Fütterung:** Talg, Haferflocken, Beeren, Nüsse, Weichfutter. **Brut:** Von März bis Juli 2–3 Bruten; stabiles Nest aus Grashalmen, Wurzeln und Erde oft in Hecken, Jungbäumen und auf Balkons.

Wacholderdrossel

Turdus pilaris

25,5 cm

Familie: Sänger

Erkennungsmerkmale: Etwas größer als Amsel, viel bunter; Kopf und Nacken hellgrau, Flügel kastanienbraun, Kehle und Brust rostgelb, dunkel gesprenkelt. Viel geselliger als Amsel; hüpft zur Nahrungssuche in aufrechter Haltung auf dem Boden; ruft häufig rauh „trarat" oder „schak schak"; ihren Gesang, ein geschwätziges Zwitschern mit vielen gepreßten Lauten, trägt sie meistens im Flug vor. **Nahrung:** Würmer, Schnecken, Insekten, Beeren. **Fütterung:** Haferflocken, Beeren, Nüsse, Weichfutter. **Brut:** Von März bis Juli 1–2 Bruten; das Weibchen baut ein großes, solides Nest aus Gras, Wurzeln und feuchter Erde meist hoch in Bäume; nistet in kleinen Kolonien.

Singdrossel

Turdus philomelos

23 cm
Familie: Sänger

Erkennungsmerkmale: Kleiner als Amsel; Oberseite braun, Unterseite weißlich, dicht dunkel gesprenkelt, auffallend große Augen. Nahrungssuche wie die Amsel auf dem Boden, aber rennend und ruckartig anhaltend. Singt ab Mitte März auf Baumwipfeln ihre lauten und abwechslungsreichen Strophen bis in die Abenddämmerung; jedes der flötenden und zwitschernden Motive wird mehrmals wiederholt. Ruft beim Auffliegen hoch „zipp" oder „zick", warnt bei Gefahr durchdringend „dickdickdick". **Nahrung:** Würmer, Schnecken, Insekten, Beeren. **Fütterung:** Haferflocken, Nüsse, Weichfutter. **Brut:** Von April bis Juli 2 Bruten; stabiles Nest aus Gras und Laub, Mulde mit feuchtem Holzmulm ausgekleidet.

Sommervogel   März–Oktober   22

Rotdrossel

Turdus iliacus

21 cm

Familie: Sänger

Erkennungsmerkmale: Kleine, gesellige Drossel, die häufig zusammen mit Wacholderdrosseln zieht, gemischte Trupps oft zur Nahrungssuche auf Wiesen und Feldern; fällt vor allem durch ihren Flugruf, ein hohes, gedehntes „zjieh", auf. Aus der Nähe am hellen Überaugenstreif und den kräftig rotbraunen Flanken leicht zu erkennen. Singt bei uns im Frühjahr nur gelegentlich: abfallende Reihen von Flötentönen, die in ein kratzend-schnarrendes Gezwitscher übergehen. **Nahrung:** Würmer, Schnecken, Insekten, Beeren. **Fütterung:** Haferflocken, Beeren, Nüsse, Weichfutter. **Brut:** Von Mai bis Juli 1–2 Bruten; nistet niedrig in Büschen und kleinen Bäumen in nordischen Wäldern und Parks.

Kleiber

Sitta europaea

14 cm

Familie: Kleiber

Erkennungsmerkmale: Einziger Vogel, der an Stämmen und Ästen auch kopfvoran abwärts klettert. Kurzschwänzig und gedrungen mit kräftigem Schnabel; auffallender, schwarzer Augenstreif. Ruft häufig „tuit tuit tuittuit"; singt schon ab März seine laut pfeifenden Strophen, die wie „tuituituitui" oder „wiwiwiwiwi" klingen. Häufig an Futterhäusern. **Nahrung:** Insekten und ihre Larven, Samen, Nüsse. **Fütterung:** Grobe Samen, Nüsse, Weichfutter. **Brut:** Von April bis Juni 1 Brut, meist in Spechthöhlen und Nistkästen; zu große Höhleneingänge klebt das Weibchen bis auf ein kleines Schlupfloch mit feuchtem Lehm zu.

Nisthilfe: Höhlenbrüter – Nistkasten (Seite 72).

Schwanzmeise

Aegithalos caudatus

14 cm

Familie: Schwanzmeisen

Erkennungsmerkmale: Sehr kleiner, kugeliger Körper, auffallend langer, stufiger Schwanz, winziger, schwarzer Schnabel; Kopf reinweiß oder weiß mit schwarzem Überaugenstreif. Außerhalb der Brutzeit in kleinen, eng zusammenhaltenden Trupps, die rastlos im Gezweig turnen und dabei ständig rufen: „tschrrt", surrend „tserr" oder dünn „tsi-tsi-tsi". Beim Überqueren kleiner Freiflächen fällt ihr „hüpfender" Flug auf. Gelegentlich an Futterhäusern. **Nahrung:** Insekten, Spinnen. **Fütterung:** Talg, Flomen, Weichfutter für Insektenfresser. **Brut:** Von April bis Juni 2 Bruten in kunstvoll geflochtenem Kugelnest aus Moos, Bast und Pflanzenwolle, außen mit Flechten und Birkenrinde getarnt.

Kohlmeise

14 cm

Parus major   Familie: Meisen

Erkennungsmerkmale: Häufigste Meise in Gärten und Parks. Knapp sperlingsgroß, Kopf schwarz mit weißen Wangen, Unterseite gelb mit auffallendem, schwarzem Längsstreif. Wenig scheu, nimmt Futter oft sogar von der Hand; Nahrungssuche im Gegensatz zu anderen Meisen häufig am Baumstamm und auf dem Boden. Sehr variable Rufe: oft „zituit", buchfinkartig „pink" oder schnarrend „tscher-r-r-r"; singt ihre Strophen meist mehrfach hintereinander: „zizibäh-zizibäh", „zipe-zipe-zipe" oder imitiert andere Meisenarten. **Nahrung:** Ölhaltige Samen, Insekten. **Fütterung:** Samen, Talg, Nüsse. **Brut:** Von April bis Juli 2 Bruten in Baumhöhlen, Nistkästen, Mauerlöchern. **Nisthilfe:** Höhlenbrüter – Nistkasten (Seite 72).

Blaumeise

11,5 cm

Parus caeruleus

Familie: Meisen

Erkennungsmerkmale: Kleine Meise mit auffallend blau-gelbem Gefieder; hängt oft mit dem Rücken nach unten an dünnen Zweigen. Ruft häufig „tsi-tsi-tsi-tsit" oder ansteigernd „zerrretetetet", viele Rufe ähneln jenen der Kohlmeise. Singt im Frühjahr silberhelle, lange Triller, die wie „zi-zi-zsirrrrrrrr" oder „zi-zi-trrü-trrüü" klingen. Besucht häufig Futterhäuser.
Nahrung: Insekten und ihre Larven, Spinnen, zarte Samen.
Fütterung: Samen, Nüsse, Talg, Weichfutter. **Brut:** Von April bis Juni 1–2 Bruten; das Weibchen baut in Baumhöhlen und Nistkästen ein filziges Nest aus weichen Pflanzenteilen, Wolle, Haaren und Federn.
Nisthilfe: Höhlenbrüter – Nistkasten (Seite 72).

Tannenmeise

Parus ater

11 cm

Familie: Meisen

Erkennungsmerkmale: Wie kleine Kohlmeise, aber mit länglichem, weißem Nackenfleck und ohne Gelb im Gefieder. Meist in Nadelbäumen, turnt geschickt an den äußersten Zweigen, wirkt quirlig und rastlos. Ruft häufig hoch und dünn „psit", „psitsitsi" oder fein „sissi-sissi"; ihre Gesangsstrophen sind recht variabel und klingen etwa wie „zewi-zewi-zewi" oder „wizidewizidewizi", sie sind oft auch im Winter zu hören. Besucht häufig Futterhäuschen. **Nahrung:** Insekten und ihre Larven, Spinnen, Nadelbaumsamen. **Fütterung:** Samen, Talg, Nüsse. **Brut:** Von April bis Juni 2 Bruten in Erdlöchern, ausgefaulten Baumstümpfen und Nistkästen.
Nisthilfe: Höhlenbrüter – Nistkasten (Seite 72).

Haubenmeise

11,5 cm

Parus cristatus

Familie: Meisen

Erkennungsmerkmale: Kleine, braune Meise mit auffälliger, schwarz-weiß geschuppter, spitzer Federhaube. Lebt versteckt in Nadelbäumen, ist meist erst durch ihre schnurrenden Rufe „ürrr-r" oder „zizi-gür-r-r" zu entdecken; ihr Lied, ein unauffälliges, klirrendes Wispern, ist selten zu hören. Besucht oft Futterhäuser in der Nähe von Nadelwald. **Nahrung:** Insekten und ihre Larven, Spinnen, Nadelbaumsamen. **Fütterung:** Samen, Talg, Nüsse. **Brut:** Von April bis Juni 1–2 Bruten; das Weibchen baut ein Nest aus Moos, Haaren und Wolle in Baumhöhlen, Baumstümpfen, auch in alten Eichhornkobeln. **Nisthilfe:** Höhlenbrüter – Nistkasten (Seite 72).

Sumpfmeise, Nonnenmeise 11,5 cm

Parus palustris Familie: Meisen

Erkennungsmerkmale: Kleine, graue Meise mit tiefschwarzer, glänzender Kopfplatte, die sich deutlich von den weißen Wangen absetzt. Ruft häufig „pistjä", „pistjü" oder „zitjüdädädä"; ihr Lied, ein monotones, klapperndes „zjezjezje" oder „djep-djepdjep", erklingt ab Ende März oft aus Laubbäumen und hohen Sträuchern. Häufiger Gast an Futterhäusern. **Nahrung:** Insekten, ihre Larven und Puppen, Spinnen, Samen. **Fütterung:** Samen, Talg, Nüsse. **Brut:** Von April bis Mai 1 Brut; das Weibchen baut ein moosreiches Nest in Baumhöhlen oder Nistkästen, meist in 1–2 m Höhe.
Nisthilfe: Höhlenbrüter – Nistkasten (Seite 72).

Gartenbaumläufer

12,5 cm

Certhia brachydactyla

Familie: Baumläufer

Erkennungsmerkmale: Rindenfarbiger Kleinvogel mit langem, abwärts gebogenem Schnabel; klettert auf der Suche nach Nahrung spiralförmig und ruckartig an Baumstämmen hoch, oben angekommen, fliegt er zum Fuße des nächsten Baumes. Ruft häufig hoch und laut „ti ti ti". Sein Lied, eine ansteigende Reihe hoher, dünner Pfeiftöne, erklingt schon im zeitigen Frühjahr. Oft in Gärten und Parks mit alten Laubbäumen. **Nahrung:** In der Rinde verborgene Insekten. **Fütterung:** Weichfutter, Talg. **Brut:** Von April bis Juli 1 Brut; Männchen und Weibchen bauen ein Nest aus Reisig, Gras und Moos in Baumspalten, hinter abstehende Rinde oder in Nistkästen.

Zaunkönig

Troglodytes troglodytes

9,5 cm

Familie: Zaunkönige

Erkennungsmerkmale: Sehr kleiner, kugelig wirkender Vogel, der mit steil aufgerichtetem Schwanz mausartig durch bodennahes Gestrüpp huscht; sein Flug ist schnell schwirrend und geradlinig; ruft häufig hart „tettetet" oder schnurrend „zerrr"; singt meist auf einer erhöhten Warte seine auffallend lauten, schmetternden und trillernden Strophen, die in einem langen Roller enden; sein energisches Lied ist auch an schönen Wintertagen zu hören. **Nahrung:** Kleine Insekten, Spinnen, Würmer. **Brut:** Von April bis Juni 2 Bruten; das Männchen baut mehrere kugelige Moosnester im Bodengestrüpp, an Wurzeltellern umgefallener Bäume und in efeuberankte Hauswände, das Weibchen wählt eines davon für die Brut aus.

Goldammer
16,5 cm

Emberiza citrinella   Familie: Ammern

Erkennungsmerkmale: Etwas größer als Haussperling; Männchen auffallend goldgelb, Weibchen mehr bräunlich; beim Auffliegen sind die weißen Schwanzkanten und der zimtbraune Bürzel sichtbar. Ruft häufig „zrick" oder „zürr", beim Abflug trillernd „tirr"; ihr Lied, eine kurze, melancholische Strophe „ziziziziih-düüh", singt sie oft auf Telegrafendrähten oder auf Spitzen von Jungbäumen. Im Winter streifen kleine Trupps in der Feldflur umher. Besucht auch Futterstellen, wo sie am Boden hüpfend Samen pickt. **Nahrung:** Samen, grüne Pflanzenteile, Insekten. **Fütterung:** Samen, Haferflocken, Getreide. **Brut:** Von April bis Juli 2 Bruten; baut ihr Nest aus Gräsern, Stengeln und Moos niedrig ins Gebüsch.

Teilzieher 33

Buchfink

Fringilla coelebs

15 cm

Familie: Finken

Erkennungsmerkmale: Häufiger, sperlingsgroßer Fink; trippelt mit ruckartigen Kopfbewegungen am Boden; beim Auffliegen schon von weitem an der leuchtendweißen Flügelbinde und den weißen Schwanzkanten zu erkennen; Männchen mit blaugrauem Oberkopf und rötlichbrauner Unterseite, Weibchen olivbraun, Unterseite graubraun. Singt schon ab März seine laut schmetternde Strophe, den Buchfinkenschlag „zizizizizje zjazjazja-zoritju-kick". Ruft häufig hart „pink", weich „fuid" oder rülschend „wrrüt" (Regenruf). Die meisten Weibchen ziehen im Herbst südwärts. **Nahrung:** Samen, Insekten. **Fütterung:** Samen, Haferflocken, Getreide: **Brut:** Von April bis Juli 2 Bruten; festes, napfförmiges Nest in Astgabeln.

Bergfink 15 cm

Fringilla montifringilla Familie: Finken

Erkennungsmerkmale: Bunter Fink, dessen weißer Bürzel beim
Abfliegen aufleuchtet. Häufiger Besucher von Futterplätzen;
oft in großen Schwärmen in Buchenwäldern und auf Feldern.
Ruft auffällig quäkend „quäih", beim Abflug oft „jäk jäk";
singt schon ab März seine klirrend-kreischenden Strophen, die
viele gedehnte Quäklaute enthalten. Im Winter an Brust und
Schulter orangefarben, Kopf und Rücken bräunlich geschuppt.
Nahrung: Samen, Bucheckern, Knospen. **Fütterung:** Samen,
Haferflocken, Getreide. **Brut:** Von Mai bis Juli 1 Brut; in nor-
dischen Wäldern baut das Weibchen ein tiefes, napfförmiges
Nest aus Moos, Flechten und Halmen, meist 2–3 m hoch.

Grünling, Grünfink

Chloris chloris

14,5 cm

Familie: Finkenvögel

Erkennungsmerkmale: Sperlingsgroßer, gelbgrüner Finkenvogel mit kräftigem Schnabel und auffälligen, gelben Flügelspiegeln; Weibchen überwiegend graugrün. Singt schon ab Februar seine klangvollen, an Kanariengesang erinnernden Strophen mit pfeifenden, trillernden und klingelnden Touren; fliegt oft in fledermausartigem Singflug mit stark verlangsamten Flügelschlägen. Häufiger Besucher von Futterhäuschen, auch mitten in der Großstadt, auffallend zänkisch. Ruft beim Abfliegen sehr oft klingelnd „gügügügü". **Nahrung:** Samen, Knospen, Blüten, Insekten. **Fütterung:** Grobe Samen, Nüsse, Getreide. **Brut:** Von April bis August 2–3 Bruten; großes, lockeres Nest in Hecken und Gebüsch, manchmal auch in Balkonkästen.

Stieglitz, Distelfink

12 cm

Carduelis carduelis

Familie: Finkenvögel

Erkennungsmerkmale: Sehr bunter, kleiner Finkenvogel, der von weitem durch seine leuchtendgelbe Flügelbinde und seine häufigen klingelnden „didlit"-Rufe auffällt; die intensivrote Gesichtsmaske ist erst aus der Nähe zu erkennen. Zur Nahrungssuche oft in kleinen Trupps auf Unkrautflächen mit Disteln und Kräutern, um die Samenstände auszuklauben, wobei sie häufig mit schnarrenden „tschrr"-Lauten streiten. Im Winter auch mit Zeisigen zusammen auf Erlen und Birken. **Nahrung:** Samen von Disteln, Löwenzahn und Laubbäumen, Insekten. **Fütterung:** Feine Samen, Nüsse, Getreide. **Brut:** Von Mai bis August 2 Bruten; dickwandiges Nest aus Gras, Moos und Pflanzenwolle, oft im Geäst von Obst- oder Alleebäumen.

Erlenzeisig, Zeisig 12 cm

Carduelis spinus Familie: Finkenvögel

Erkennungsmerkmale: Kleiner, grünlichgelber Finkenvogel mit relativ schlankem, spitzem Schnabel; Männchen mit mattschwarzer Kopfplatte und kleinem, schwarzem Kehlfleck, Weibchen graugrün, stärker gestrichelt. Ruft häufig im Flug „diäh" oder „tüli", jeweils die erste Silbe betont. Singt auf Baumkronen und in fledermausartigem Singflug sein eilig zwitscherndes, fröhliches Liedchen, das in einem langgezogenen, quätschenden Laut endet. Im Herbst und Winter in Schwärmen, oft auf Erlen und Birken; besucht Futterhäuschen. **Nahrung:** Samen von Bäumen und Kräutern, Insekten. **Fütterung:** Feine Samen, Nüsse, Haferflocken. **Brut:** Von April bis Juli 2 Bruten; das kunstvoll gebaute Nest steht hoch in Fichten.

Girlitz

11,5 cm

Serinus serinus

Familie: Finkenvögel

Erkennungsmerkmale: Das Männchen singt sein anhaltendes, hoch klirrendes Lied von April an auf dürren Ästen, Hausantennen und Telegrafendrähten, oft auch in fledermausartigem Singflug. Sehr kleiner, auffallend gelber Finkenvogel mit kurzem Kegelschnabel; Weibchen graugrün, unterseits gestrichelt. Ruft im Flug „girlitt", bei Beunruhigung oft gedehnt „dschäi". Nahrungssuche paarweise oder in kleinen Trupps, meist auf dem Boden. **Nahrung:** Feine Samen, grüne Pflanzenteile, Insekten. **Brut:** Von April bis Juli 2 Bruten; das Weibchen baut ein kunstvolles, festes Nest aus Wurzeln, Moos und Halmen, meist 2–4 m hoch in Astgabeln von Bäumen oder Büschen, manchmal auch an einer berankten Mauer.

Sommervogel   März–Oktober   39

Hänfling, Bluthänfling

13,5 cm

Acanthis cannabina

Familie: Finkenvögel

Erkennungsmerkmale: Ruft auffällig nasal stotternd „gegege-ge", im Flug weiße Schwingensäume deutlich sichtbar. Das Männchen trägt sein Liedchen, eine wohlklingende, nasal gek-kernde Strophe, die mit einigen schnellen Flugrufen beginnt, häufig von einer freien Warte, einem Baum oder Strauch vor. Gesellig, im Winter oft in großen Trupps in offener Landschaft, an Dorf- und Stadträndern; scheu. Männchen mit rotem Vor-derkopf und roter Brust, Weibchen ohne Rot, unterseits längs-gestrichelt. **Nahrung:** Samen von Acker- und Feldkräutern. **Brut:** Von April bis August 2 Bruten; nistet oft zu mehreren Paaren in lockeren Kolonien, Nester in dichten Hecken, Bü-schen und niedrigen Bäumen.

Birkenhänfling, Birkenzeisig 13 cm
Acanthis flammea Familie: Finkenvögel

Erkennungsmerkmale: Fällt vor allem durch seine häufigen
Flugrufe „dschädschädschädschä" und die hellen Flügelbinden
auf. Kleiner, grau-braun gestreifter Finkenvogel mit relativ
schlankem, spitzem Schnabel und tiefrotem Scheitelfleck;
Männchen mit rötlich getönter Brust. Im Herbst und Winter in
kleinen Schwärmen, oft auf Birken und Erlen; besucht Futter-
häuschen. **Nahrung:** Samen von Laubbäumen und Kräutern,
Insekten. **Fütterung:** Feine Samen, Nüsse, Haferflocken, Talg.
Brut: Von Mai bis Juli 1 Brut; sorgfältig gebautes, napfförmiges
Nest aus Zweigen, Gräsern und Stengeln, mit Pflanzenwolle,
Federn und Haaren ausgepolstert, meist hoch in Bäumen, auch
niedrig in Büschen.

Gimpel, Dompfaff

15 cm

Pyrrhula pyrrhula   Familie: Finkenvögel

Erkennungsmerkmale: Gedrungener, dickschnäbliger Finkenvogel mit schwarzer Kopfkappe und im Flug auffälligem weißen
Bürzel. Unterseite beim Männchen leuchtendrot (Foto oben),
beim Weibchen (Foto darunter) rötlichbraun. Ruft häufig me-
lancholisch weich „djü" oder „wüp"; Paare, die eng zusammen-
halten, locken ständig mit zarten „bit-bit"-Rufen; wenig scheu.
Im Winter schließen sich oft mehrere Paare zu kleinen Trupps
zusammen; häufig an Futterhäuschen. **Nahrung:** Samen und
Knospen von Bäumen und Kräutern, Beeren, Insekten. **Fütterung:** Samen, Beeren, Nüsse. **Brut:** Von April bis August 2 Bruten; das Weibchen baut ein lockeres Nest aus Reisig, Moos,
Wurzeln und Haaren in dichtes Gebüsch und Jungfichten.

Kernbeißer

Coccothraustes coccothraustes

18 cm

Familie: Finkenvögel

Erkennungsmerkmale: Sehr großer, bunter, gedrungener Finkenvogel mit kurzem Schwanz und auffallend klobigem Schnabel; fliegt schnell und geradlinig, meist in Baumkronenhöhe, beim Abfliegen vom Boden fallen die weiße Flügelbinde und das weiße Schwanzende auf. Sitzt oft hoch und versteckt in Laubbäumen, macht durch seine ständigen, scharfen „zicks"-Rufe auf sich aufmerksam. Gesellig, im Winter oft in Trupps, die manchmal Futterhäuschen besuchen. **Nahrung:** Laubbaumfrüchte, Obstkerne, Knospen, Insekten. **Fütterung:** Grobe Samen, Nüsse, Getreide. **Brut:** Von April bis Juni 1–2 Bruten; das Weibchen baut ein großes Nest aus Zweigen, Wurzeln und Halmen, meist hoch in Laubbäumen.

Haussperling, Hausspatz 15 cm
Passer domesticus Familie: Sperlinge

Erkennungsmerkmale: Häufiger Kleinvogel in Städten, Dörfern und an Gehöften, stets in der Nähe von Gebäuden. Männchen mit grauem Scheitel und schwarzem Kehllatz, Weibchen graubraun. Sehr gesellig, oft in lärmenden und einander verfolgenden Trupps, ständig tschilpend und zeternd; das Männchen singt sein einfaches, plauderndes Liedchen „tschilp-tschelp-tschilp" meist in Nistplatznähe. **Nahrung:** Samen, Insekten, Knospen, Beeren, Abfälle. **Fütterung:** Samen, Haferflocken, Getreide, Küchenabfälle. **Brut:** Von April bis August 3–4 Bruten; unterstützt vom Weibchen baut das Männchen ein unordentliches, überdachtes Nest aus Halmen, Stengeln, Abfallstoffen und Federn unter Dachrinnen, in Mauerlöchern.

Feldsperling, Feldspatz
Passer montanus

14 cm

Familie: Sperlinge

Erkennungsmerkmale: Etwas kleiner und schlanker als Haussperling; Oberkopf kastanienbraun, Wangen weißlich mit auffälligem, dunklem Fleck; Geschlechter gleich gefärbt. Nicht so eng an Siedlungen gebunden wie Haussperling, weniger lärmend; ruft häufig „zwit", bei Auseinandersetzungen mit Artgenossen ein schnelles und hartes „tecktecteck", im Flug meist „tjeck". Im Winter oft an Ortsrändern, besucht auch Futterhäuschen, aber seltener als Haussperling. **Nahrung:** Samen, Insekten, Knospen, Früchte. **Fütterung:** Wie Haussperling. **Brut:** Von April bis August 2–3 Bruten; überdachtes Nest aus Halmen und Federn meist in Nistkästen und Baumhöhlen, selten an Gebäuden.

Star

21,5 cm

Sturnus vulgaris

Familie: Stare

Erkennungsmerkmale: Sucht in wackelndem Gang auf dem Boden ständig stochernd nach Nahrung. Kleiner und viel kurzschwänziger als Amsel, Gefieder schwarz mit grünem und violettem Glanz, außerhalb der Brutzeit auffällig weiß getupft. Im Flug an den spitzen, dreieckigen Flügeln zu erkennen. Ruft häufig schrill „schrien", heiser „rräh" oder hart „spett-spett". Singt mit gesträubtem Gefieder, heftig mit den Flügeln rudernd, vor der Nisthöhle; sein abwechslungsreiches Lied aus pfeifenden, schnurrenden, schnalzenden und schwätzenden Lauten enthält viele Nachahmungen anderer Vogelstimmen. Im Herbst oft in riesigen Schwärmen. **Nahrung:** Insekten, Schnecken, Würmer, Obst. **Brut:** Von April bis Juli 1–2 Bruten in Spechthöhlen.

Dohle, Turmdohle
Corvus monedula

33 cm

Familie: Rabenvögel

Erkennungsmerkmale: Kleiner, schwarzer Rabenvogel mit hellen Augen, Hinterkopf und Nacken grau. Ruft häufig klangvoll und hell „kiack" oder „kja", bei Gefahr ein hohes „jüp". Kulturfolger, oft mitten in Dörfern und Städten; sehr gesellig, Nahrungssuche meist in kleinen Trupps auf Wiesen und in offenem Gelände; fliegen im Winter häufig in Saatkrähenschwärmen mit, fallen durch ihre hellen Rufe und den schnelleren Flügelschlag auf. **Nahrung:** Insekten, Würmer, Schnecken, Mäuse, Jungvögel, Abfälle. **Brut:** Von April bis Juni 1 Brut, Koloniebrüter, Nester meist in Nischen von Kirchtürmen, Schlössern oder Felswänden, gelegentlich auch in alten Schwarzspechthöhlen.

Eichelhäher

Garrulus glandarius

34 cm

Familie: Rabenvögel

Erkennungsmerkmale: Warnt laut kreischend „rräh rräh", imitiert andere Vogelstimmen wie Mäusebussard („hiäh") oder Dohle („kiack"). Knapp krähengroßer, überwiegend rötlichbrauner Rabenvogel mit auffallender, blau-schwarzer Flügelzeichnung; fliegt mit langsamen, unregelmäßigen Flügelschlägen, dabei leuchtet der weiße Bürzel auf. Sucht häufig am Boden hüpfend nach Nahrung; im Winter oft in kleinen Trupps in Gärten und Parks, besucht Futterplätze. **Nahrung:** Samen, Baumfrüchte (Eicheln, Bucheckern), Früchte, Insekten, Eier, Jungvögel. **Fütterung:** Haferflocken, Nüsse, Getreideabfälle. **Brut:** Von April bis Juni 1 Brut; flaches, kleines Nest aus Zweigen, Wurzeln und Haaren, gut versteckt in Bäumen.

Elster

46 cm

Pica pica

Familie: Rabenvögel

Erkennungsmerkmale: Schwarz-weiß gefärbter Rabenvogel mit auffallend langem, stufigem Schwanz. Läuft auf dem Boden in wackelndem Gang, nicht hüpfend wie Häher. Kulturfolger, häufig in Dörfern und Städten; fliegt langsam mit unregelmäßigen Flügelschlägen, oft hoch und weit. Sehr ruffreudig, schakkert rauh „schackackackack" oder „tscharrackackack".
Nahrung: Allesfresser; Würmer, Schnecken, Insekten, Eier, Jungvögel, Früchte, Mäuse, Abfälle. **Brut:** Von März bis Mai 1 Brut; großes, überdachtes Reisignest mit seitlichem Eingang in den Kronen von Büschen und Bäumen, in hohen Hecken, von Männchen und Weibchen gemeinsam gebaut.

Rabenkrähe

Corvus corone corone

47 cm

Familie: Rabenvögel

Erkennungsmerkmale: Tiefschwarzer, großer Rabenvogel mit kräftigem, schwarzem Schnabel; ruft laut „wärr", „kräh" oder „krah", oft auch gereiht. Fliegt mit langsamen, gleichmäßigen Flügelschlägen; segelt nur selten. Kulturfolger, häufig in Dörfern und Städten, sucht gerne am Wasser und auf Abfallplätzen nach Nahrung. Zur Brutzeit meist paarweise, streifen sonst häufig in kleinen Trupps umher, aber nie in so großen Wanderscharen wie Saatkrähe. **Nahrung:** Allesfresser; Würmer, Insekten, kleine Wirbeltiere, Früchte, Samen, Aas, Abfälle, Eier und Jungvögel. **Brut:** Von März bis Juni 1 Brut; stabiles Nest aus Zweigen und Erde, meist hoch und gut versteckt in Bäumen.

Saatkrähe

46 cm

Corvus frugilegus

Familie: Rabenvögel

Erkennungsmerkmale: Sehr gesellig; große Scharen kommen im Winter oft in Parks und Anlagen von Dörfern und Städten und fliegen abends gemeinsam zu ihren traditionellen Schlafplätzen. Von der ähnlichen Rabenkrähe durch die weißliche, unbefiederte Schnabelwurzel, den eckig wirkenden Kopf und das meist locker abstehende Bauch- und Schenkelgefieder leicht zu unterscheiden. Ruft rauher als Rabenkrähe „kroh", „korr" oder „krah". **Nahrung:** Käferlarven, Raupen, Drahtwürmer, Schnecken, Mäuse, Samen, junge Saat, Abfälle. **Brut:** Von März bis Mai 1 Brut; nistet kolonieweise in hohen Baumkronen, meist am Waldrand; Männchen und Weibchen bauen gemeinsam ein großes Nest aus Zweigen, Halmen und Erde.

Teilzieher

51

Buntspecht, Großer Buntspecht   23 cm
Picoides major   Familie: Spechte

Erkennungsmerkmale: Häufigster Specht in Gärten und Parks. Sehr kontrastreich schwarz-weiß mit leuchtendroten Unterschwanzdecken, Männchen mit rotem Hinterkopffleck. Klettert in Spiralen ruckweise am Stamm hoch. Ruft häufig hart und metallisch „kick" oder „kickickick", im Frühjahr heiser „rärä-rä"; trommelt oft auf hohlen Ästen, aber auch auf Blechdächern, Masten, Dachrinnen, Sirenen, Trommelwirbel rund ¹/₂ Sekunde lang, zu Anfang betont, zum Schluß hin etwas verklingend. Besucht oft Futterhäuser. **Nahrung:** Käferlarven, Insekten, Nüsse, Samen. **Fütterung:** Grobe Samen, Talg, Nüsse. **Brut:** Von Mai bis Juni 1 Brut; zimmert jedes Jahr eine neue Höhle, meist 2–5 m hoch in faule Stämme.

Grünspecht

Picus viridis

32 cm

Familie: Spechte

Erkennungsmerkmale: Großer, grünlicher Specht mit leuchtendroter Kopfplatte und hellgelber Iris; fällt im Frühjahr durch seine lachenden „glückglückglück"-Rufe auf; trommelt nur selten. Sucht seine Nahrung fast ausschließlich auf dem Boden (Erdspecht). Lebt in Parks und Gärten mit alten Laubbäumen. Männchen mit rotem, schwarzumrandetem Bartstreif, Weibchen mit breitem, schwarzem Bartstreif. **Nahrung:** Ameisen und ihre Puppen, die er mit seiner langen Leimrutenzunge aus ihren Bauten holt. **Brut:** Von April bis Mai 1 Brut; Männchen und Weibchen zimmern eine große Höhle mit querovalem Schlupfloch in morsche Laub- und Obstbäume.

Haustaube, Straßentaube

Columba livia

33 cm

Familie: Tauben

Erkennungsmerkmale: Sehr häufiger Kulturfolger in Dörfern und Städten. Von weitem durch den weißen Bürzel von anderen Tauben zu unterscheiden; in der Gefiederfärbung variabel, von Blaugrau (ihrer Stammform, der Felsentaube) und Schwarz bis Weiß und Rostbraun. Während der Balz gurrt das Männchen „rucke-di-guh", dabei wirbt es mit aufgeblasenem Kropf und am Boden schleifendem Schwanz unter Verbeugungen um das Weibchen. Sehr gesellig; Fütterungsverbot in einigen Städten (Bedrohung alter Bauten durch Taubenkot). **Nahrung:** Samen, Schößlinge, Beeren, Insekten, Abfälle, Brot. **Brut:** Von März bis Oktober 2–3 Bruten; dürftiges Nest aus Zweigen und Halmen in Mauernischen, unter Brücken, auf Balkons.

Türkentaube

28 cm

Streptopelia decaocto

Familie: Tauben

Erkennungsmerkmale: Kleine, hell sandfarbene Taube mit schwarzem Nackenband. Ruft dumpf und monoton „gu-guh-gu" (Gesang); vollführt schon im zeitigen Frühjahr auffällige Balzflüge: das Männchen fliegt mit klatschenden Flügelschlägen steil aufwärts und segelt dann mit nach unten gebogenen Flügeln abwärts, ruft vor dem Landen häufig aufdringlich nasal „hwäh" (Girren). Fast ausschließlich in Gebäudenähe in Dörfern und Städten anzutreffen; im Winter streifen sie in kleinen Trupps umher, die oft Futterstellen besuchen. **Nahrung:** Samen, grüne Pflanzenteile, Beeren. **Fütterung:** Haferflocken, Getreide. **Brut:** Von März bis September 2–3 Bruten; dünnes, flaches Nest in Bäumen oder an Gebäuden.

Turmfalke

Falco tinnunculus

34 cm

Familie: Falken

Erkennungsmerkmale: Kleiner, brauner, spitzflügeliger Greifvogel; rüttelt häufig mit weit gespreiztem Schwanz. Einziger Falke in Dörfern und Städten; sitzt oft frei auf niedrigen Warten, manchmal auf Buschspitzen am Straßenrand. Im Flug an den hastigen, flachen Flügelschlägen und dem langen Schwanz mit schwarzer Endbinde zu erkennen. Männchen oberseits rotbraun mit schwarzen Tropfenflecken, Weibchen einheitlich braun gefleckt. Häufigster Ruf ist ein helles „kikikikiki".
Nahrung: Vorwiegend Mäuse, auch Jungvögel, große Insekten.
Fütterung: Lebende Mäuse, Eintagsküken. **Brut:** Von April bis Juli 1 Brut; Gelege in Felsnischen, Mauerlöchern hoch in Gebäuden, alten Krähen- und Greifvogelnestern.

Jahresvogel 56

Sperber
Accipiter nisus

28–38 cm
Familie: Greife

Erkennungsmerkmale: Kleiner, grauer Greifvogel mit langem Schwanz und kurzen, runden Flügeln. Fegt auf der Jagd nach Kleinvögeln in rasantem, wendigem Flug niedrig zwischen Bäunen und Häusern hindurch; fliegt im Streckenflug abwechselnd mit wenigen schnellen Flügelschlägen und gleitend. Sitzt versteckt mit eingezogenem Kopf, scheu. Oft wird man auf ihn erst aufmerksam durch intensiv warnende Kleinvögel. Unterseite auffällig quergewellt, gelbe Augen; Weibchen um ¹/₃ größer als Männchen. **Nahrung:** Fast ausschließlich Vögel bis Taubengröße, selten Mäuse. **Brut:** Von April bis Juni 1 Brut; für das flache, lose zusammengesteckte Nest brechen beide Altvögel Nadelbaumzweige ab; Nistplatz meist 3–15 m hoch auf Fichten.

Waldkauz

38 cm

Strix aluco

Familie: Euler

Erkennungsmerkmale: Gedrungene Eule mit großem, rundem Kopf und großen, schwarzen Augen, keine „Federohren". Sonnt sich oft am Eingang einer Baumhöhle oder dicht am Stamm sitzend; von Kleinvögeln entdeckt, wird er mit heftigen Gezeter beschimpft. Ruft in der Dämmerung und nachts scharf „kuwitt", im Frühjahr hört man von Februar an seinen unheimlich klingenden, weichen und tremolierenden Gesang aus „guuoh gu guruuh"-Reihen. Gefieder rostbraun bis grau, dunkel längsgefleckt. **Nahrung:** Mäuse, Vögel, Frösche, Insekten. **Fütterung:** Lebende Mäuse und Eintagsküken. **Brut:** Von Februar bis Juni 1 Brut; nistet in großen Baumhöhlen, Mauerlöchern, Nistkästen, gelegentlich in Dachstühlen.

Schleiereule
Tyto alba

34 cm

Familie: Eulen

Erkennungsmerkmale: Nur nachtaktiv; fällt vor allem durch ihre kreischende, schnarchende und fauchende Stimme auf. Sitzt am Tage aufrecht in Mauernischen und im Dachgebälk; schlanke Eule mit dickem Kopf und hellem, deutlich herzförmigem Gesichtsschleier; im Flug an den sehr langen Flügeln zu erkennen. Lebt in Dörfern mit Nistgelegenheiten in Gebäuden. **Nahrung:** Mäuse, Spitzmäuse. **Fütterung:** Lebende Mäuse und Eintagsküken. **Brut:** Von März bis Oktober 1–2 Bruten; nistet in dunklen Winkeln von Scheunen, Kirchtürmen und altem Gemäuer.
Nisthilfe: Das Schaffen von Einfluglöchern in Gebäuden (rund 12 cm breit und 15 cm hoch); Schleiereulen-Nistkasten.

Teichhuhn, Teichralle

Gallinula chloropus

33 cm

Familie: Rallen

Erkennungsmerkmale: Kleine, schwarze Ralle, die beim Laufen und Schwimmen hektisch mit dem Schwanz zuckt, wobei ihre weißen Unterschwanzdecken aufleuchten; schwimmt mit nickenden Kopfbewegungen. Scheu, lebt versteckt an Gewässerufern, auch mitten in der Großstadt. Ruft oft scharf „kürrk" (Warnruf) oder „kirrek". Beine und Zehen lang, grünlich, Schnabel rot mit gelber Spitze, rotes Stirnschild. **Nahrung:** Wasserpflanzen, Samen, Gräser, Früchte. **Fütterung:** Haferflocken, Nüsse, altes Brot, Getreide. **Brut:** Von April bis Juli 1–3 Bruten; Männchen und Weibchen bauen am Boden in Wassernähe oder niedrig in dichtem Gebüsch ein Nest aus Reisig, Ufer- und Wasserpflanzen.

Bläßhuhn, Bläßralle

Fulica atra

38 cm

Familie: Rallen

Erkennungsmerkmale: Knapp entengroße, rundliche Ralle, Schnabel und Stirnschild weiß, Gefieder einheitlich schwarz. Im Winter in großen Schwärmen auf Seen und Parkgewässern, auch mitten in der Großstadt; nicht scheu, läßt sich häufig füttern. Läuft beim Abflug größere Strecken über das dabei aufspritzende Wasser; taucht auf der Suche nach Wasserpflanzen mit einem kleinen Tauchsprung unter. Ruft oft „köck" oder „köw", tonlos „tsk" oder ähnlich dem Knallen eines Sektkorkens „tp", bei Gefahr hoch und durchdringend „pssl". **Nahrung:** Wasserpflanzen, Schilfsprossen, Gras, Insekten. **Fütterung:** Haferflocken, altes Brot, Getreide. **Brut:** Von April bis Juli 1 Brut, meist großes, freischwimmendes Nest aus Schilf.

Stockente

Anas platyrhynchos

58 cm

Familie: Entenvögel

Erkennungsmerkmale: Unsere häufigste Ente, auch mitten in der Großstadt auf kleinen Gewässern; wenig scheu. Männchen mit grünglänzendem Kopf, Ober- und Unterseite perlgrau, Brust braun, gelber Schnabel. Weibchen unscheinbar bräunlich gefleckt, Schnabelfirst stets dunkel. Männchen ruft häufig „rääb-rääb rääb", Weibchen ein schnelles „waak waak wak wak wak" (Decrescendoruf). Gründelt oft mit hoch aus dem Wasser gerecktem Hinterteil. **Nahrung:** Wasserpflanzen, Samen, Insekten, Würmer, Weichtiere, Früchte. **Fütterung:** Haferflocken, Nüsse, altes Brot, Getreideabfälle. **Brut:** Von April bis Juli 1 Brut; das Weibchen baut in Ufernähe ein gut verstecktes Nest aus Gras und Halmen.

Mandarinente
43 cm

Dendronessa galericulata
Familie: Entenvögel

Erkennungsmerkmale: Farbigste der kleinen Enten auf unseren Parkgewässern; Männchen durch sehr kontrastreiche Kopffärbung, lange Haube, orangefarbene, aufgestellte Schmuckfedern im Flügel (Segel) und roten Schnabel unverwechselbar; Weibchen unscheinbar grau-gelblich gemustert, mit hellem Augenring, der zum Hinterkopf zieht. Aus ihrer ostasiatischen Heimat bei uns eingebürgert. **Nahrung:** Samen, Nüsse, Würmer, Schnecken, Insekten. **Fütterung:** Altes Brot, Haferflocken, Nüsse, Weichfutter. **Brut:** Von April bis Juni 1 Brut; nistet in bis zu 20 m hohen Baumhöhlen; die Jungen springen nach dem Schlüpfen auf den Boden und werden sofort vom Weibchen zum Wasser geführt.

Reiherente

43 cm

Aythya fuligula

Familie: Entenvögel

Erkennungsmerkmale: Kleine, gesellige Tauchente mit schwefelgelben Augen; auf größeren Parkseen, auch mitten in der Großstadt; häufig mit Tafelenten zusammen. Männchen mit auffällig schwarzweißem Gefieder und lang herabhängendem Schopf (Foto oben), Weibchen einfarbig braun mit kurzem Schopf (Foto darunter). Fliegt geradlinig und rasant mit sehr schnellen Flügelschlägen, ruft im Flug oft „karr karr". **Nahrung:** Muscheln, Schnecken und Insektenlarven, die sie tauchend erbeutet. **Fütterung:** Haferflocken, altes Brot, Getreideabfälle. **Brut:** Von Mai bis August 1 Brut. Das Weibchen baut das gut versteckte Bodennest nahe am Ufer.

Tafelente

46 cm

Aythya ferina

Familie: Entenvögel

Erkennungsmerkmale: Kleine, gedrungene Tauchente mit großem, kastanienbraunem Kopf und silbergrauem Rumpf; Weibchen unscheinbar dunkelbraun gefärbt, im Gegensatz zum Reiherentenweibchen dunkle Augen und ohne Schopf. Der häufige Ruf „charr charr" klingt mehr schnarrend als der des Reiherentenweibchens. Bei Störung fliegen Tafelenten erst viel später auf als Reiherenten. **Nahrung:** Wasserpflanzen, die sie auf dem Gewässergrund, oft in großer Tiefe, abweidet. **Fütterung:** Haferflocken, altes Brot, Getreideabfälle. **Brut:** Von Mai bis Juli 1 Brut; das Weibchen baut ihr Nest direkt am Wasser in dichtem Pflanzenwuchs.

Graugans

Anser anser

76–89 cm

Familie: Entenvögel

Erkennungsmerkmale: Große, silbergraue Gans, die in halbzahmem Zustand auf Parkseen lebt; Stammform der Hausgans. Ruft nasal wie Hausgans, aber weniger aufdringlich „ga-gang-gang", im Flug gedehnt „aahng-ong-ong"; Trupps fliegen in V-Formation oder angeordnet in schräger Linie, dabei fallen die hellen Vorderflügel auf. Schnabel einheitlich rosa (östliche Rasse) oder orangefarben (westliche Rasse). **Nahrung:** Gräser, junges Getreide, Klee, Löwenzahn, Gänsedistel. **Fütterung:** Haferflocken, altes Brot, Getreideabfälle. **Brut:** Von April bis Juni 1 Brut; großes, locker zusammengefügtes Nest aus Stengeln und Wasserpflanzen, meist gut versteckt im Schilf. Lebt in Einehe.

Kanadagans

Branta canadensis

92–102 cm

Familie: Entenvögel

Erkennungsmerkmale: Sehr große, langhalsige Gans mit schwanenartiger Gestalt; Kopf, Schnabel und Hals schwarz, Kehle und Wangen weiß. Ihre sehr klangvollen, trompetenden Rufe „ah-hong", die zweite Silbe deutlich höher, schallen sehr weit. Aus Kanada bei uns eingebürgert, lebt sie wie die Graugans gesellig auf Parkgewässern und größeren Seen; Mischlinge zwischen Graugans und Kanadagans gibt es immer häufiger.
Nahrung: Gras, Klee, junge Saat, Wasserpflanzen, Samen.
Fütterung: Haferflocken, Getreideabfälle, altes Brot. **Brut:** Von März bis Juni 1 Brut; großes Nest aus Halmen und Zweigen, meist am Wasser, gut versteckt unter einem Busch.

Höckerschwan

152 cm

Cygnus olor

Familie: Entenvögel

Erkennungsmerkmale: Sehr großer, schneeweißer Wasservogel mit rotem Schnabel und schwarzem Schnabelhöcker. Auf den meisten Parkgewässern in halbzahmem Zustand. Beim Schwimmen ist der lange Hals anmutig S-förmig gebogen; fliegt mit langgestrecktem Hals, weithin hörbares Flugeräusch „kwau-kwau-kwau". Im Frühjahr droht er oft mit hoch aufgestellten Flügeln bei Revierstreitigkeiten mit Artgenossen. Fast völlig stumm, nur bei Erregung heiseres Zischen. **Nahrung:** Wasserpflanzen, junges Getreide, Gras. **Fütterung:** Haferflocken, Nüsse, altes Brot, Getreide. **Brut:** Von Mai bis Juni 1 Brut; Männchen und Weibchen bauen ein sehr großes Nest aus Schilf und Zweigen gut versteckt am Ufer oder auch völlig frei.

Jahresvogel 68

Lachmöwe

Larus ridibundus

35–38 cm
Familie: Möwen

Erkennungsmerkmale: Einzige Möwe, die bei uns regelmäßig im Binnenland vorkommt; im Winter oft in großen Scharen an Parkgewässern, wo sie die Futterstellen für Wasservögel belagern. Ruft häufig kreischend „kwäär" und „krrrija". Gefieder weiß mit hellgrauen Flügeldecken und schwarzen Flügelspitzen, im Sommer mit schokoladenbraunem Kopf und dunkelrotem Schnabel (Foto oben), im Winter weißlicher Kopf mit deutlichem dunklem Ohrfleck, Schnabel gelblich und schwarz (Foto darunter). Jungvögel mit fast schwarzer Schwanzendbinde.
Nahrung: Insekten, Schnecken, Würmer, Fische, Aas, Abfälle.
Brut: Von April bis Juni 1 Brut; nistet in oft großen Kolonien auf Bülten und altem Schilf an Seen.

Wirkungsvolle Hilfe für unsere Vögel

Als Natur- und Vogelfreund haben Sie sicher schon gehört und gelesen, daß viele unserer heimischen Vogelarten vom Aussterben bedroht sind. Flurbereinigung, Trockenlegung von Feuchtgebieten, Monokulturen und Straßenbau – durch diese Maßnahmen wurde der natürliche Lebensraum unserer Vögel, in dem sie Nahrung, Schutz vor Feinden und Möglichkeiten zu Brut und Jungenaufzucht vorfinden, in vielen Gebieten radikal zerstört. Die Folge: Von den 238 Vogelarten sind in der Bundesrepublik bereits mehr als 20 ausgestorben, weitere 90 Arten sind vom Aussterben bedroht. Und immer noch wird unseren Vögeln weiterer Lebensraum genommen – man denke nur an das Waldsterben.

In dieser für unsere Tiere so lebensfeindlichen Zeit werden Gärten und Parkanlagen Zufluchtstätten für viele unserer heimischen Vögel. Wer ihnen wirkungsvoll helfen möchte, kann mit einem naturnah gestalteten Garten einen Ersatzlebensraum schaffen. Laubbäume und natürliche Hecken bieten Schutz vor Feinden; Mönchs- und Gartengrasmücke, Zilpzalp, Fitis und Gelbspötter bauen darin ihr Nest. Für die in Höhlen brütenden Vögel sind Nistkästen (→ Seite 72), die wir in unserem Garten anbringen, ein geeigneter Ersatz für kaum noch vorhandene natürliche Brutgelegenheiten. Wer einheimische Beerensträucher (→ Tabelle) pflanzt und seinen englischen Rasen in eine Wildblumenwiese umwandelt, schafft Nahrungsquellen für die Vögel. Eine kleine Wildnis mit hohem Gras, Himbeer- und Brombeersträuchern bietet der Mönchs- und Gartengrasmücke, dem Zaunkönig und der Heckenbraunelle Unterschlupf. Ein Reisighaufen aus unterschiedlich dicken Zweigen wird von Goldammer und Rotkehlchen als Nistplatz angenommen. Lassen Sie das Laub dort liegen, wo es im Herbst von den Bäumen und Sträuchern gefallen ist. Es schützt den Boden im Winter vor dem Austrocknen und ist Nahrung für Insekten und Regenwürmer, den bevorzugten Beutetieren von Amseln, Singdrosseln und Staren. Auch ein Komposthaufen wird von diesen Vögeln gerne auf Insekten und biologische Küchenabfälle durchstöbert.

Eine Vogeltränke gehört natürlich auch zum vogelfreundlichen Garten: Ein alter Teller, eine mit Folie ausgelegte Erdmulde reichen schon, um durstige und badefreudige Vögel anzulocken. Denken Sie daran, daß in der näheren Umgebung der

Tränke der Pflanzenwuchs so niedrig gehalten werden muß, daß sich Katzen und andere Vogelfeinde nicht unbemerkt anschleichen können.

Nicht nur der Garten, auch eine begrünte Hauswand ist Ersatzlebensraum für Vögel. Kletterpflanzen wie Efeu, Wilder Wein, Geißblatt und Clematis bieten Amseln, Singdrosseln, Rotkehlchen, Grauschnäppern und vielen anderen Vogelarten Nistgelegenheiten. Diese Pflanzen schützen überdies die Hauswand vor Regen, wirken wärmedämmend und binden den Staub.

Bäume und Sträucher für den vogelfreundlichen Garten

Baum/Strauch	Für Hecke geeignet	Beeren und Früchte als Vogelnahrung	Als Nistplatz geeignet
Fichte	×		×
Eibe		×	
Wacholder		×	×
Hasel		×	
Hainbuche	×	×	×
Berberitze	×	×	×
Heckenrose	×	×	×
Eberesche		×	
Mehlbeere		×	×
Weißdorn	×	×	×
Felsenbirne		×	×
Schlehe	×	×	×
Feuerdorn	×	×	×
Vogelkirsche		×	×
Traubenkirsche		×	×
Pfaffenhütchen	×	×	
Hartriegel	×	×	×
Kornelkirsche	×	×	
Liguster	×	×	×
Holunder		×	
Traubenholunder		×	
Gemeiner Schneeball	×	×	×
Heckenkirsche	×	×	×
Schneebeere	×		×

Nisthilfen im Garten und am Haus

Nisthilfen können Sie in allen Zoo- und Samenfachhandlungen kaufen. Ein Hobby-Handwerker hat sie aber auch schnell selbst gebaut (ungehobeltes Holz verwenden, fugenlos zusammenleimen und nageln, ungiftiger Holzschutzanstrich).

Für **Höhlenbrüter** (Meisen, Trauerschnäpper, Gartenrotschwanz, Kleiber) eignen sich Nistkästen (→ Zeichnung Umschlagseite 3) aus Holz oder Holzbeton (kein Plastik!). Man kann die Kästen am Baum, an der Hauswand oder „freischwebend" an einem Drahtbügel anbringen. Das Flugloch sollte nach Osten, also nicht zur Schlechtwetterseite weisen. Zu empfehlen ist ein Marderschutz (Zoofachhandel). Im Herbst müssen die alten Nester entfernt und die Kästen gründlich gereinigt werden, damit sich keine Parasiten darin festsetzen. Lassen Sie die Nistkästen das ganze Jahr über hängen, denn Meisen und Kleiber suchen im Winter Schutz darin.

Für **Halbhöhlenbrüter** (Bachstelze, Hausrotschwanz, Grauschnäpper) hängen Sie überdachte, vorne zu einem Drittel offene Nistkästen (→ Zeichnung Umschlagseite 3) an einer wettergeschützten Stelle Ihrer Hauswand so auf, daß sie unerreichbar sind für Katzen und Rabenvögel.

Schwalben können Sie helfen, indem Sie eine künstliche Pfütze auf einer wasserdichten Folie anlegen und Lehm und Stroh-

Mehlschwalbe   Rauchschwalbe

stückchen als Baustoff für das Nest hinzufügen. Schwalben finden nämlich wegen der zunehmenden Asphaltierung von Wegen und Höfen in ländlichen Gegenden kaum mehr natürliche Lehmpfützen. Hinzu kommt noch, daß infolge der Erschütterungen, die schwere Fahrzeuge verursachen, die aus Lehm und Pflanzenteilen gebauten, unter der Decke angeklebten Schwal-

Findelkinder 1

Haussperling
Passer domesticus

Grünfink
Chloris chloris

Amsel
Turdus merula

Mehlschwalbe
Delichon urbica

Turmfalke
Falco tinnunculus

Waldkauz
Strix aluco

73

bennester abfallen. Auch an glattverputzten Haus- und Stallwänden halten sie nicht. Mit gut befestigten künstlichen Schwalbennestern können Sie Schwalben zu einer erfolgreichen Brut verhelfen. Nester für Rauchschwalben (→ Zeichnung Seite 72) müssen Sie in Gebäuden (Ställen, Scheunen, Hauseingängen) etwa 12 cm unter der Decke befestigen. Künstliche Mehlschwalbennester (→ Zeichnung Seite 72) sollten Sie außen an Gebäuden anbringen, möglichst unter einem Dachvorsprung. Mit einem mindestens 20 cm breiten Brett unter den Nestern können Sie verhindern, daß die Hauswand verschmutzt.

So helfen Sie Findelkindern

Im Frühling oder Sommer, wenn die meisten unserer Vögel ihre Jungen aufziehen, kann es vorkommen, daß Sie einen hilflosen Jungvogel finden. Handeln Sie dann aber nicht voreilig, sondern vergewissern Sie sich erst einmal, ob das Vogelkind tatsächlich verwaist ist. Die Jungen vieler Vogelarten verlassen nämlich oft schon das Nest, bevor sie fliegen können. Sie warten in sicherer Deckung auf die futterbringenden Eltern, denen sie ihren Standort durch ihre typischen Bettelrufe verraten. Sie sollten deshalb den Jungvogel zunächst einige Zeit beobachten. Sitzt er an einer ungeschützten Stelle, bringen Sie ihn vorsichtig in die Deckung eines Baumes oder Busches. Warten Sie in einiger Entfernung, ob das Findelkind gefüttert wird. Sind die Vogeleltern nach 1 bis 2 Stunden nicht aufgetaucht, und sitzt der Jungvogel apathisch herum, ist er wirklich verlassen und braucht nun Ihre Hilfe. Einen jungen Vogel setzen Sie in einen mit wärmendem Material (Lappen, Heu) ausgepolsterten Blumentopf. Der Standort für das Ersatznest sollte ruhig, dunkel und zugfrei sein. Zwischen den Fütterungen legen Sie vorsichtig einen Wollappen über das Junge, damit es nicht auskühlt. Füttern Sie Ihr Findelkind alle 1 bis 2 Stunden mit kleinen Kügelchen aus Magerquark, Weichfutter, das viele Insekten enthält (Fachhandel), hartgekochtem Ei und feingeschnittenem rohem Herz. Vergessen Sie nicht, Ihrem Findelkind nach jeder Fütterung ein paar Tropfen Wasser in den Schnabel zu träufeln! Nach diesen ersten Hilfsmaßnahmen sollten Sie das Vogeljunge möglichst bald einem Fachmann bringen (Vogelwarte, Vogelschutzverein), denn die Aufzucht eines Findelkindes ist nicht nur zeitraubend, sondern erfordert auch große Sachkenntnis.

Findelkinder 2

Hausrotschwanz
Phoenicurus ochruros

Rotkehlchen
Erithacus rubecula

Gimpel
Pyrrhula pyrrhula

Buchfink
Fringilla coelebs

Stieglitz
Carduelis carduelis

Blaumeise
Parus caeruleus

Winterfütterung

Wenn Sie Ihren Garten vogelfreundlich gestalten und Nisthilfen anbringen, helfen Sie mancher bedrohten Vogelart zu überleben. Das Füttern der Vögel in der kalten und schneereichen Jahreszeit ist ebenfalls eine nützliche Vogelhilfe, durch die allein man allerdings Vögel nicht vor dem Aussterben retten kann. Winterfütterung hilft vor allem jenen Vogelarten, die sich als Kulturfolger seit vielen Vogelgenerationen auf die Hilfe des Menschen eingestellt haben. Dazu gehören: Amsel, Haussperling, Grünfink, Kohlmeise, Rotkehlchen und Türkentaube. Ihnen kann man durch eine artgerechte Fütterung über einen harten Winter hinweghelfen. Um den Vögeln nicht zu schaden, sollten Sie folgende Regeln bei der Winterfütterung beherzigen:

● Verwenden Sie nur einwandfreies Futter (staubfrei, ohne Vorratsschädlinge; Meisenringe und -knödel dürfen nicht ranzig sein; Weichfutter muß viele getrocknete Insekten enthalten). Altes, verdorbenes Futter kann zu Verdauungsstörungen und zum Tod der Vögel führen. Menschliche (salzhaltige) Nahrungsmittel sind völlig ungeeignet.

● Halten Sie das Futterhäuschen stets sauber. Durch Rückstände von altem Futter und durch Kot können Salmonellen übertragen werden und zu einer Vogelseuche führen. Reinigen Sie das Futterhäuschen am besten alle drei Wochen mit kochendheißem Wasser. Spätestens im April sollten Sie das Vogelhäuschen abbauen und gründlich desinfizieren.

● Füttern Sie artgerecht. Aus der Fütterungstabelle erfahren Sie, welches Futter für die einzelnen Vogelarten am besten geeignet ist (nicht alle Vögel nehmen Körnerfutter!). Beliebt sind außerdem kleingeschnittene Äpfel, getrocknete Beeren von Eberesche (Vogelbeeren), Holunder, Liguster, Weißdorn, Mehlbeere und Wildem Wein.

● Errichten Sie verschiedene Futterstellen (→ Seite 80), damit alle Futtergäste zu ihrem Anteil kommen – die schwächeren Vogelarten, die von den stärkeren wie Amsel und Grünfink vertrieben werden, aber auch jene Vögel, die ihre Nahrung nur am Boden suchen.

Vögel, die Sie im Winter füttern, werden Brutplätze in Ihrem Garten eher annehmen, weil ihnen die Umgebung bereits vertraut ist. So können Sie das ganze Jahr über Vögel aus nächster Nähe beobachten. Vogelhilfe ist auch Menschenhilfe, denn sie förtert und verbessert den Kontakt zur Natur, der vielen Menschen heute fehlt.

Fütterungstabelle

Vogelart	grobe Samen	feine Samen	Talg Flomen	Hafer-flocken in Öl	Weich-futter	Weiß-brot trocken	Drusch-abfälle
Heckenbraunelle	×		×	×	×		
Rotkehlchen			×	×	×	×	
Star			×	×	×		
Drosseln			×	×	×	×	
Schwanzmeise			×		×		
Kleiber	×	×	×		×	×	
Meisen	×	×	×		×	×	
Baumläufer			×		×		
Zaunkönig			×		×		
Goldammer	×	×		×			×
Buch-/Bergfink	×	×		×		×	×
Stieglitz		×				×	×
Grünfink	×	×				×	×
Zeisig		×		×	×		
Hänfling		×					
Gimpel	×	×					
Kernbeißer	×						
Sperlinge	×	×		×	×	×	×
Eichelhäher				×			×
Buntspecht	×		×				
Tauben	×			×			×
Wasservögel				×		×	×

Futterhäuschen und Nistkästen
selbst gebaut

Mit Phantasie und ein bißchen handwerklichem Geschick können Sie aus preiswerten Holzresten (ungehobelte Fichtenbretter, wasserfest verleimtes Sperrholz), Obstkisten, alten Schubladen oder Stühlen ein geeignetes Futterhaus oder Nistkästen für Ihre Vogelgäste basteln.
Die Zeichnungen auf Seite 80 und auf der dritten Umschlagseite geben Ihnen sicher viele Anregungen und helfen, das richtige Maß zu finden.

Einige Tips für den Selbstbau:
- ● Verwenden Sie nur gesundes, trockenes, abgelagertes Holz. Feuchtes oder frisches Holz bekommt schnell Risse.
- ● Etwa 2 cm dicke Bretter lassen sich am leichtesten verarbeiten.
- ● Leimen *und* vernageln Sie alle Teile – das hält länger.
- ● Das Dach des Futterhauses und des Nistkastens muß wasserdicht sein (Dachpappe).
- ● Zum Anstrich nur ungiftige Holzschutzmittel verwenden (gut trocknen lassen).

Der Autor: Detlef Singer, Biologe, freier Mitarbeiter des Lehrstuhls für Landschaftsökologie in Weihenstephan, Dozent an der Münchner Volkshochschule. Autor des Waldtiere-Kompaß, Mitautor des Großen Naturführer Vögel.

CIP-Kurztitelaufnahme der Deutschen Bibliothek

Singer, Detlef:
[Gartenvögel-Kompaß]
Singers Gartenvögel-Kompaß: Vögel in Gärten,
Parks u. Anlagen sicher bestimmen. – München:
Gräfe und Unzer, 1984.
    ISBN 3–7742–5036–7

Farbfotos auf dem Umschlag:
Vorderseite: Rotkehlchen. Rückseite: Kohlmeise und Buntspecht.

Redaktionsleiter: Hans Scherz
Lektorat: Renate Weinberger
Einbandgestaltung: Heinz Kraxenberger

Offsetreproduktion und Druck: Graph. Anstalt E. Wartelsteiner
Bindung: Druckerei Ludwig Auer
ISBN 3–7742–5036–7

Die Fotografen:
Aquila/Wilkes: 17, 21, 33, 38; Bink: 23; Czimmek: 31; Danegger: U 1, 18, 20, 24, 30, 37, 43, 44, 46, 56, 61, 69 oben; Diedrich: 48; Helo: 15; Irsch: 73 o. l., 75 u. r.; Layer: 45; Leinonen: 29, 34, 42 oben, 47, 52; Limbrunner: 25, 26, 27, 49; Möller: 57; Moosrainer: 10, 41; Naturalis/Reinhard: 59; Reinhard: 55, 58; Schrempp: 73 o. r., m. l., 75 o. l., o. r., u. l.; Schwammberger: 73 u. l., 75 m. l.; Singer: 14, 63, 66, 67; Synatzschke: 73 m. r., u. r., 75 m. r.; Trötschel: 8; Weber: 4, 6, 68; Wothe: 5, 7, 9, 11, 12, 13, 19, 22, 28, 32, 35, 36, 39, 40, 42 unten, 50, 51, 53, 54, 62, 64 oben, unten, 65, 69 unten, U 4; Zeininger: 16; Ziesler: 60.

Futterhäuschen und Nistkästen zum Selberbauen

Futtergerät
Dieses selbstgebastelte Futtergerät mit Sitzbrettchen und Sitzstangen wird von jenen Vogelarten besucht, die Anflugstangen der Futterglocken nicht anfliegen können.

Futterglocken
Vor allem Meisen besuchen gerne die mit einer Talg-Samen-Mischung gefüllten Futterglocken (Blumentopf, Kokosschale, Dose). Nicht vergessen: Anflugstab vor dem Erkalten der Futtermasse einstecken.

Kleines Hessisches Futterhaus
Das kleine Hessische Futterhaus mit seinen verglasten Seiten hat sich für Gärten und Parks besonders gut bewährt. Die Vögel fliegen durch die offene Unterseite – angelockt von dem kleinen Futterbrett am Pfahl.

Bodenfutterstelle
Rotkehlchen, Buch- und Bergfink bevorzugen Futterstellen am Boden: Entfernen Sie aus einer Holzkiste zwei Seiten und stützen die Ecke mit einer Latte ab.

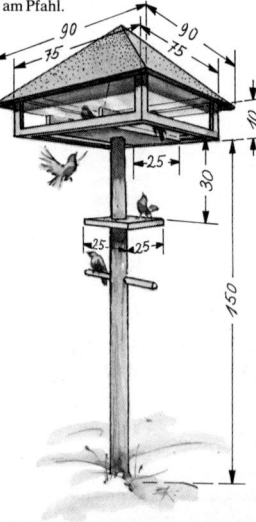